JN097802

ゼラチン・寒天・アガーで作る、おいしい新食感

季節のゼリースイーツ

大越郷子・著

Spring

Summer

Autumn

Winter

はじめに

冬にもアイスクリームを食べるように、
「ゼリーは夏だけのもの」という常識(?)は、
いまや過去のものになりつつあります。

私たちのまわりには一年中、感動的なイベントがあり、
おいしいフルーツがあふれています。
これらをゼリースイーツにして、
季節ごとに楽しんでみませんか。

身近な食材をゼラチン、寒天、アガーで固めるだけで、
スペシャルなスイーツに生まれ変わります。
リーズナブルで簡単なのに、
色がきれいで透明感があっておしゃれです。

ふだんの日はもちろん、
誕生日やちょっとした記念日にも、
ゼリースイーツがあれば、シーンが盛り上がります。

大越郷子

Contents

Chapter 1 Spring
心ときめく ゼリースイーツ

Chapter 2 Summer
涼を呼ぶ ゼリースイーツ

ゼリースイーツ の魅力

ゼラチン、寒天、アガーを使って作るゼリースイーツ。
それぞれの特徴を活かしながら、
美しくておいしいゼリーの世界を展開していきます。

美容と健康によい食材

　ゼラチンは牛肉・豚肉・魚由来のタンパク質で、美容によいコラーゲンが多く含まれています。寒天はテングサやオゴノリなどの海藻で、アガーもカラギーナンなど海藻由来の食物繊維で腹もちがよくなり、ダイエットに効果的な食材といわれています。

　いずれも低カロリーで、ゼラチンは5g使用で17kcal、寒天は5g使用で6kcal、アガーは少し多く使って20gで68kcalです。
※本書のレシピ3〜4人分で作った場合。

　ゼリースイーツは、これらの優秀な食材をベースに、季節のフルーツなどをふんだんに使った、美容と健康によいスイーツです。

アガーって何？

　最近はスーパーでも見かけるようになったアガー。アガーの原料は、海藻の抽出物「カラギーナン」や、マメ科の種の抽出物「ローカストビーンガム」などを混合したものです。

　アガーはゲル化剤といわれ、液体をゼリー状に固めるもので、ジャムやヨーグルトなどにもよく使われています。天然原料ですから、添加物とはいっても安心して食べられます。

見た目はどんな感じ？

　ゼラチンは透明感はありますが、薄い黄色をしています。寒天は白濁しますが、砂糖の量が増えるほど透明感が増します。

　透明感という点でいえば、アガーが圧倒的。アガーは無色透明なので、フルーツなどを入れると、フルーツの色や姿が透けて見え、とてもおしゃれで美しい仕上がりになります。

固まる温度・溶ける温度

　固まる温度はどうでしょうか。ゼラチンは20℃以下（冷蔵庫）、寒天は40〜50℃以下（常温）、アガーは30〜40℃以下（常温）です。温度だけで見ると、寒天が一番早く固まるように思えますが、実際にはアガーの固まるスピードはとても早く、作業の迅速さが求められます（⇒p.111）

　ゼラチンで固めたゼリーは、夏場は常温でも溶けるので、持ち歩くときは保冷剤が必要になります。寒天やアガーは常温でも溶けませんから、お土産やプレゼントなどにも最適です。

それぞれの食感の違い

　ゼラチンはかすかに動物性の香りがあり、寒天はかすかに海藻の香りがします。アガーは無味・無臭です。固さはゼラチンはやわらかく、寒天はとても強く固まり、アガーはほどよく強く固まります。

　食感はゼラチンは口溶けがよくツルン、寒天は歯切れがよくほろり、アガーは弾力があってプルプル……。

　それぞれの食感の違いを楽しみましょう。

本書で使う型

ゼリーを固めたり、抜いたりするために、いくつかの型があります。
すべてを揃える必要はありませんが、用意しておくと便利です。
ゼリーだけでなく、焼き菓子など、
いろいろなスイーツを作るときにも役立ちます。

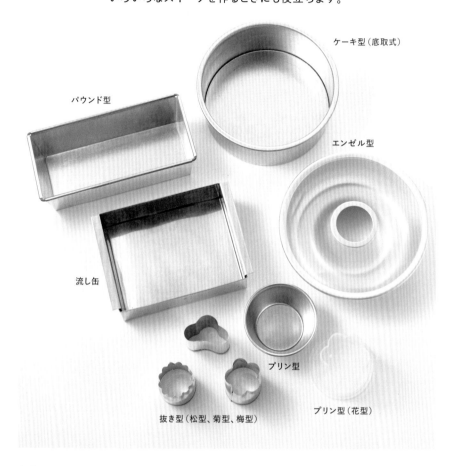

ケーキ型（底取式）

パウンド型

エンゼル型

流し缶

プリン型

抜き型（松型、菊型、梅型）

プリン型（花型）

本書の見方

- 寒天とゼラチンは、粉末を使用しています。
- 砂糖と書いてあるものは、上白糖を使用しています。
- 大さじは15㎖、小さじは5㎖です。
- レシピは、作りやすい分量にしています。
- 粗熱の取り方は、氷水に当てることをおすすめします。衛生面や、具材などが下に沈むのを防げます。
- 冷蔵庫で冷やし固めるときは、ラップをしないほうが、表面がきれいに仕上がります。

Chapter

1

Spring

心ときめく

ゼリースイーツ

ひしもち風ゼリー

女の子の健やかな成長に願いを込めたもち菓子。

3色になっているのは、それぞれに意味があります。

緑色は「健康」、白色は「清浄」あるいは「子孫繁栄」、

桃色は「魔除け」といわれています。

ひしもちを重ねていく順序も、写真のように決まりがあります。

ひな壇にひしもちを飾ったら、

食卓では「ひしもち風ゼリー」を楽しんでみませんか。

抹茶寒天 (下段)

材料　流し缶(11×14×高さ4.5cm)1台分

水 … 250mℓ

寒天 … 2g

砂糖 … 20g

抹茶 … 小さじ1

作り方

1 鍋に水と寒天を入れ、ゴムベラで混ぜながら中火にかけ、沸騰したら弱火で2分ほど煮溶かす。

2 砂糖と抹茶をよく混ぜ合わせて(⇒a)、1に加えて(⇒b)溶かす。

3 ボウルの上で、2を茶こしでこす(⇒c)。

4 3のボウルを氷水に当て、ゴムベラで混ぜながら(⇒d)粗熱を取り、軽量カップに入れる。

5 バットに冷水をはって流し缶をのせ、4を入れる(⇒e)。

6 固まりはじめたら、竹串などで表面にスジをつける(⇒f)。

※抹茶かん(下段)と、この後に入れる牛乳かん(中段)を密着させるために、竹串などでスジをつけます。

牛乳寒天 (中段)

材料　流し缶(11×14×高さ4.5cm)1台分

牛乳 … 250mℓ

寒天 … 2g

砂糖 … 20g

作り方

1 鍋に牛乳と寒天を入れ、ゴムベラで混ぜながら中火にかけ、沸騰したら弱火で2分ほど煮溶かす。

2 砂糖を加えて混ぜ、溶かす。

3 ボウルに2を入れて氷水に当て、ゴムベラで混ぜながら粗熱を取り、軽量カップに入れる。

4 バットに冷水をはって流し缶をのせ、3を入れる。

5 **抹茶寒天**の上に、流し缶の端から4を入れる(⇒g)。

6 固まりはじめたら、竹串などで表面にスジをつける。

a

b

c

いちご寒天（上段）

材料　流し缶（11×14×高さ4.5cm）1台分

いちごミルク（市販）… 250mℓ

寒天 … 2g

作り方

1 鍋にいちごミルクと寒天を入れ、ゴムベラで混ぜながら中火にかけ、沸騰したら弱火で2分ほど煮溶かす。

2 ボウルに1を入れて氷水に当て、ゴムベラで混ぜながら粗熱を取り、軽量カップに入れる。

3 バットに冷水をはって流し缶をのせ、2を入れる。

4 **牛乳寒天**の上に、流し缶の端から3を入れる（⇒h）。

仕上げ

1 冷蔵庫で冷やし固める。

2 流し缶からはずし、包丁でひし形に切り**A****B**、器に盛る。

※きれいにひし形に切ると、無駄な部分が少し出てしまいますが、残った部分は別の器に盛って食べましょう。

ひし形に切るには…

包丁を手前に引きながら、スッとおろすと、きれいな切り口になります。

A 大きく切る場合
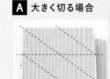
2枚

B 小さく切る場合
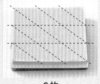
6枚

d

e

f

g

h

memo

寒天を流し込むときは、流し缶の端から、静かに流し込みましょう。真ん中から勢いよく流すと、中央がへこんでしまいます。

カラメルソース

材料 プリン型（花型）5個分

グラニュー糖 … 30g

水 … 60㎖

ゼラチン … 2g／水大さじ1でふ
やかす

作り方

1 鍋にグラニュー糖を入れて中火
にかけ、色づいてきたら水を加え
る（⇒a）。

2 ゴムベラでよく混ぜて均一なキャ
ラメル色になったら、火を止めて
ゼラチンを加えて混ぜる（⇒b）。

3 プリン型に、2を入れる（⇒c）。

いちごのプリンアラモード

懐かしい花形のプリン型を見つけたので、
ゼラチンでプリンを作ってみました。
春のいちごを薄切りにして、
みずみずしいミントを添えています。

a

b

c

プリン

材料 プリン型（花型）5個分

卵黄 … 2個分

砂糖 … 40g

バニラエッセンス … 少々

牛乳 … 220㎖

生クリーム … 50㎖

ゼラチン … 5g／5倍の水でふやかす

作り方

1 ボウルに卵黄と砂糖を入れ、ゴムベラでよくすり混ぜ、バニラエッセンスを加える。牛乳と生クリームを加えてさらに混ぜる。

2 1をざるでこしながら、鍋に入れる。

3 弱火にかけて少しトロミがつくまで混ぜ続け、3分ほどしたら 火を止め、ゼラチンを加えてさらに混ぜる（⇒d）。

4 3の鍋を氷水に当て、ゴムベラでトロミがつくまで混ぜ、粗熱を取る。

5 カラメルソースを入れたプリン型に、4を入れ（⇒e）、冷蔵庫で冷やし固める。

いちごジャムソース

材料 作りやすい分量

冷凍いちご … 150g

砂糖 … 20g

水 … 30㎖

レモン汁 … 大さじ1

ゼラチン … 3g／水大さじ2でふやかす

作り方

1 耐熱容器に冷凍いちご、砂糖、水を入れ、電子レンジ（600W）で3分加熱する。

2 1を取り出してレモン汁を入れて混ぜ、さらに電子レンジ（600W）で3分加熱する。

3 ゼラチンを加え、耐熱容器を氷水に当てて粗熱が取れたら、冷蔵庫で冷やし固める。

仕上げ

器にプリン型をはずして入れ、いちご（適量／分量外／縦に薄切り）、いちごジャムソース（適量）、生クリーム（適量／分量外）を絞り、ミントの枝先（1本／分量外）を添える。

d

e

こしあん寒天（下段）

材料　流し缶（11×14×高さ4.5cm）1台分

水 … 250㎖

寒天 … 2g

砂糖 … 30g

こしあん（市販）… 140g

作り方

1　鍋に水と寒天を入れ、ゴムベラで混ぜながら中火にかけ、沸騰したら弱火で2分ほど煮溶かす。

2　砂糖とこしあんを加え、ゴムベラでよく混ぜ、全体になじんだら火を止める。

3　2の鍋を氷水に当て、トロミがつくまで混ぜ、流し缶に入れる。

桜あん寒天（上段）

材料　流し缶（11×14×高さ4.5cm）1台分

水 … 250㎖

寒天 … 2g

砂糖 … 30g

桜あん（市販）… 140g

作り方

1　鍋に水と寒天を入れ、ゴムベラで混ぜながら中火にかけ、沸騰したら弱火で2分ほど煮溶かす。

2　砂糖と桜あんを加え、ゴムベラでよく混ぜ、全体になじんだら火を止める。

3　2の鍋を氷水に当て、トロミがつくまで混ぜる。

仕上げ

1　こしあん寒天が固まりはじめたら、竹串などで表面にスジをつけ、桜あん寒天を流し缶の端から入れる。

2　1の表面が固まりかけたら、乱切りにしたいちご（8粒／分量外）を少し埋め込む。

3　冷蔵庫で冷やし固め、流し缶からはずし、包丁で三角に切り、器に盛る。

桜あんようかん

こしあんと桜あんの2段重ねが、とってもキュート。
いちごをランダムにのせて固めています。
うきうきと弾むようなイメージで、
お花見の席などでも、注目を集めるでしょう。
桜の風味がいちごの香りをいっそう引き立てます。

笹カスタードゼリー

白あん&くずで作った和菓子のように見えますが、
カスタードクリーム&アガーの洋菓子です。
季節感のある笹のグリーンで包んで、
さわやかさをプラスしています。

a
b
c
d
e
f

カスタードクリーム

材 料 | 約8個分

牛乳 … 200㎖
バニラビーンズ … 少々
卵黄 … 2個分
グラニュー糖 … 60g

A | 薄力粉 … 10g
コーンスターチ … 10g／ふるっておく

作り方

1 鍋に牛乳とバニラビーンズをさやごと入れて中火にかけ、鍋の縁から少しフツフツとする程度まで加熱する（⇒a）。

2 ボウルに卵黄を入れて泡立て器でほぐし、グラニュー糖を加えてよくすり混ぜる。

3 2にAを少しずつ加え、粉っぽさがなくなるまで混ぜる。ザルでこしながら1の鍋に入れて中火にかけ、ゴムベラで混ぜ続けながら、煮る。

4 粘り気が出てクリーム状になるまで煮る。フツフツしてきたら、さらに弱火で1〜2分、鍋底が焦げないように、混ぜ続ける（⇒b）。

5 バットに移し、乾燥しないようにラップを密着させて（⇒c）氷水に当て（⇒d）、すぐに冷ます。

アガー液

材 料 | 約8個分

砂糖 … 40g
アガー … 30g
水 … 500㎖
レモン汁 … 大さじ1
キルシュ … 大さじ1

作り方

1 鍋に砂糖とアガーを入れ、ゴムベラでよく混ぜ、水を少しずつ加えてよく混ぜる。

2 1を中火にかけてゴムベラで混ぜ、鍋の縁がフツフツして沸騰直前まで混ぜ続ける。火を止め、レモン汁とキルシュを加えてさらに混ぜ、ザルでこす。

仕上げ

1 セルクル型（楕円型）にラップを敷いて**アガー液**を入れ、スプーンで**カスタードクリーム**（適量）をすくって中心におき（⇒e）、ラップで包んで（⇒f）輪ゴムで縛り、氷水の中に放つ。

2 固まったらラップをはずし、笹の葉（約8枚）に包む。

桜 の 水 ゼ リ ー

桜のはかない美しさを、
長くとどめておきたいと願うのは、
贅沢なことでしょうか。
アガーに閉じ込められた、異次元のSAKURA。
まさに口福のひとときです。

| 材料 | 8個分(容器1個=約50㎖) |

アガー … 15g
水 … 450㎖
桜の塩漬け … 8個／水にさ
らして塩出しし、水気をきる

| 作り方 |

1 鍋にアガーを入れ、水を少しずつ加えながらゴ
ムベラでよく混ぜる。

2 中火にかけながら混ぜ続け、沸騰直前まで加熱
し、火からおろす。

3 容器に2を入れ、桜の塩漬けが中心になるよう
に埋め込む。

4 冷蔵庫で冷やし固め、容器からはずし、器に盛る。

作り方

水 … 300㎖

寒天 … 4g

ハチミツ … 80g

梅酢(市販)… 100㎖

梅干し(甘くて赤いもの)

… 大2個／細かく刻む

※塩気が強いものは、水に浸けて
塩出しをしておきます。

1 鍋に水と寒天を入れ、ゴムベラで混ぜながら中
火にかけ、沸騰したら弱火で2分ほど煮溶かす。

2 ハチミツを加えて混ぜ、火を止める。

3 2を氷水に当て、ゴムベラで混ぜながら粗熱を
取る。

4 梅酢と梅干しを加えてよく混ぜ、流し缶に入れる。

5 冷蔵庫で冷やし固め、梅の抜き型で抜き、器に
盛る。

梅ゼリー

梅の香りと深い味わいを、
ストレートに感じるゼリー。
春の眠気を吹き飛ばしてくれそうな、
パンチの効いた甘ずっぱさが印象的です。

22　　Chapter 1　　Spring　　心ときめくゼリースイーツ

バラのゼリーケーキ

5月になると、花の女王「バラ」が咲きはじめます。

華麗なバラの花を、

ヨーグルトケーキの上に咲かせてみませんか。

桃を薄くスライスして、外側から中心へ向かって、

花びらをイメージしながら一枚一枚重ねていきます。

仕上げに静かにゼリー液を流し入れて……。

プルンとしたゼリーと

さっぱりしたヨーグルトの味わいが

さわやかさを感じさせてくれます。

桃のコンポート

| 材料 | ケーキ型(直径15cm・底取式)1台分 |

A グレナデンシロップ … 大さじ3
　水 … 180mℓ

白桃缶(2つ割り)… 5個

a

作り方

鍋にAを入れ、中火にかけて沸騰させる。冷ましてから容器に白桃を入れ、冷蔵庫で一晩漬け込む(⇒a)。

ヨーグルトケーキ

料料料 ケーキ型（直径15cm・底取式）1台分

ゼラチン … 8g／水大さじ2でふやかす

ヨーグルト … 200g

ハチミツ … 大さじ2

レモン汁 … 大さじ2

レモンの皮 … 少々／すりおろす

生クリーム … 100㎖／少しトロミがつくま
で混ぜる

グラニュー糖 … 20g

スポンジ生地（市販）… 1枚／1cm厚さに
切る

作り方

1 電子レンジ（600W）で、ゼラチンを30秒ほ
ど加熱する。

2 ボウルにヨーグルトとハチミツを入れ、泡
立て器で混ぜる。1のゼラチンを加えて
（⇒b）混ぜ、レモン汁と皮を加えてさらに混
ぜる。

3 別のボウルに生クリームとグラニュー糖を
入れ、ボウルの底を氷水に当ててトロミが
つくまで泡立てる。

4 3を2のボウルに加え（⇒c）、さらに泡立て
る（⇒d）。

5 型の底にスポンジ生地を敷き、**桃のコン
ポート**のシロップ（適量）をハケで薄く塗る
（⇒e）。

6 5の型に4を入れ（⇒f）、冷蔵庫で冷やし固
める。

b

c

d

e

f

桃のゼリー

材料 ケーキ型（直径15cm・底取式）1台分

グラニュー糖 … 40g

アガー … 15g

桃のコンポートのシロップ … 240㎖

※足りなければ、水を加えます。

ピーチリキュール（市販）… 大さじ2

作り方

1 鍋にグラニュー糖とアガーを入れ、ゴムベラ
で混ぜながら、**桃のコンポート**のシロップを
少しずつ加え、中火にかけながら混ぜる。

2 透明になったら火からおろし、ピーチリ
キュールを入れて混ぜ、ザルでこす。

仕上げ

1 **桃のコンポート**を2㎜幅に切り（⇒g）、バラ
の花びら に見立てる。

※薄く切ったほうがきれいに仕上がります。

2 **ヨーグルトケーキ**の外側から、箸で**1**の大き
めの花びらからのせ（⇒h）、中央は花びらを
立て気味にしてのせる（⇒i）。

3 **2**に粗熱が取れた**桃のゼリー**液を、花びら
に当たらないないように、1か所から入れ
る（⇒j）。

4 冷蔵庫で冷やし固め、型からはずし、包丁
で切る。

g
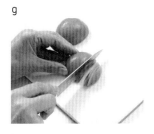

h

i

j

memo

型の下にグラスを逆さにして置き、
型の側面に両手の指を添え、型を
下へ動かすと、きれいにはずせます。

抹茶ミルクゼリー

抹茶の苦味に、牛乳とコンデンスミルクの
コクがプラスされた、大人の味わい。
大きめのグラスにミルクをたっぷり注いで、
ゼリーをスプーンで細かく砕けば、
ドリンクのようにして楽しむこともできます。

| 材 料 | グラス2個分 |

砂糖 … 30g

抹茶 … 大さじ1

水 … 80㎖

牛乳 … 200㎖

コンデンスミルク … 大さじ2

ゼラチン … 5g／5倍の水でふやかす

仕上げの牛乳 … 適量

| 作り方 |

1 鍋に砂糖と抹茶を入れて混ぜ、水を少しずつ加えながらゴムベラで混ぜ、さらに牛乳とコンデンスミルクを加えて混ぜる。

2 1を中火にかけ、温まったら火を止め、ゼラチンを 加えてゴムベラで混ぜる。

3 2を茶こしでボウルにこし、氷水に当ててゴムベラで混ぜながら粗熱を取る。

4 グラスに3を入れ、冷蔵庫で冷やし固め、牛乳を加える。

memo

召し上がる前に、スプーンで軽く混ぜても、おいしいです。

ハートの
ホワイトマシュマロ

ホワイトデーに、こんなスイーツを贈られたら、
誰でも胸がキュンとなるでしょう。
白は「純愛」をイメージする色。
もっちりふわふわの軽い食感です。

a

b

c

材料 バット(16×21cm)1台分

コーンスターチ … 適量

A
　水 … 60㎖
　グラニュー糖 … 60g
　水あめ … 30g

ゼラチン … 10g／5倍の水でふやかす

卵白 … 1個分

作り方

1　バットにオーブンシートを敷き、茶こしでコーンスターチをたっ
　ぷりふるう(⇒a)。

2　鍋にAを入れて中火にかけ、すべて溶けたら火からおろし、ゼ
　ラチンを加えてゴムベラで混ぜる(⇒b)。

3　ボウルに卵白を入れ、ハンドミキサーで泡立て、白っぽくなっ
　てきたら、泡立てながら2を少しずつ加えて混ぜる(⇒c)。

4　ツヤが出て、卵白がゆっくり落ちるぐらいの固さ まで泡立てる
　(⇒d)。

5　1に4を入れ、ゴムベラでバットの隅まで平らにならし、茶こし
　でコーンスターチをたっぷりふるう(⇒e)。

6　1時間ほどおいて固まったら、ハートの抜き型で抜く(⇒f)。

7　余分なコーンスターチをはたき落としながら、器に盛る。

d

e

f

memo
さくらんぼは2個ずつ使いますが、1個は枝を取り、もう1個の枝は残します。

さくらんぼのゼリー包み

コロンとしたゼリーに、可愛らしいさくらんぼが2つずつ包まれています。
ひと口で食べられる「手のりサイズ」がうれしい。
春の運動会や友人との集まりにも、人気のゼリースイーツです。

材料 約6個分

缶汁 … 240㎖
※足りなければ、水を加えます。
寒天 … 4g
砂糖 … 20g
レモン汁 … 大さじ1
さくらんぼ缶
… 1缶（12個分）

作り方

1　鍋に**A**と寒天を入れ、ゴムベラで混ぜながら中火にかけ、沸騰したら弱火で2分ほど煮溶かし、砂糖を加えて混ぜる。

2　火を止め、レモン汁を加えて混ぜる。

3　小さい容器にラップを広げて**2**を入れ、さくらんぼを2つ中心に置き、茶巾状に包んで輪ゴムで縛り、氷水の中に放つ。

4　固まったらラップをはずし、器に盛る。

Chapter

2

Summer

涼 を 呼 ぶ

ゼ リ ー ス イ ー ツ

あじさい寒天

梅雨の季節に、雨をまとって美しく咲くあじさい。
雨上がりに木漏れ日が当たると、
一つひとつの花びら（ガク）にのった雨粒が、
キラキラ宝石のように光ってきれいです。
白あんをベースにして、
色とりどりのゼリーで「味変」も楽しめる寒天です。

ピンクのあじさい寒天

材 料　バット（16×21㎝）1台分／10個分

いちごジュース … 240㎖

寒天 … 2g

砂糖 … 20g

水あめ … 大さじ1

白あん（市販）… 200g

※10等分にし、1個20gを使います。

作り方

1　鍋にいちごジュースと寒天を入れ、ゴムベラで混ぜながら中火にかけ、沸騰したら弱火で2分ほど煮溶かす。

2　砂糖と水あめを加え、溶けたら火を止め、バットに入れる。

3　固まったら、5〜6㎝の幅に切ってから（⇒a）、角切りにし、（⇒b）バットに戻す。

4　ラップで白あんをひと口大に丸め、3をまぶす（⇒c）。

a
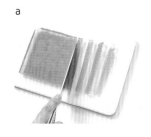

b
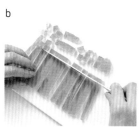

c

ブルーのあじさい寒天

材料 | バット(16×21cm)1台分／10個分

A | ブルーハワイシロップ … 20㎖
  | 水 … 180㎖

寒天 … 2g

砂糖 … 20g

水あめ … 大さじ1

白あん(市販) … 200g

※10等分にし、1個20gを使います。

作り方

1　鍋にAと寒天を入れ、ゴムベラで混ぜながら中火にかけ、沸騰したら弱火で2分ほど煮溶かす。

2　砂糖と水あめを加え、溶けたら火を止め、バットに入れる。

3　固まったら、5〜6cmの幅に切ってから、角切りにし、バットに戻す。

4　ラップで白あんをひと口大に丸め、3をまぶす。

memo

あじさいはピンクやブルー以外にも、色幅があります。ジュースの種類を変えることで、いろいろな表現を楽しむことができます。たとえば、パープルならグレープジュースを、ホワイトなら牛乳を使うとよいでしょう。さらに、パープルとホワイトの両方をまぶして、複色のあじさい寒天を作ることもできます。

アガーの水ようかん

「透明感が命」のアガーは、
不透明なこしあんを使っても、
切った四隅はきれいな半透明になります。
寒天で作るよりも、もっちりした食感が楽しめ、
ひんやりおいしい、夏のスイーツです。

材 料 　流し缶(11×14×高さ4.5㎝)1台分

砂糖 … 60g

アガー … 30g

水 … 500㎖

こしあん (市販) … 240g

作り方

1　鍋に砂糖とアガーを入れて混ぜ、少しずつ水を加えながら、ゴムベラでよく混ぜる。

2　中火にかけながら混ぜ続け、沸騰直前まで加熱してから弱火にし、こしあんを入れてさらに混ぜる。

3　2の鍋を氷水に当て、トロミがついたら流し缶に入れ、冷蔵庫で冷やし固める。
　※水に当てて冷ましてもよいです。

4　包丁で長方形に切り、器に盛る。

memo

包丁で切るときは、角をきちんと立てるようにすると、プロ級の仕上がりになります。

浮き輪ゼリー

夏といえば海やプール。
そして浮き輪も欠かせません。
カラフルなフルーツをたっぷり入れて、
浮き輪ゼリーにしてみましょう。
アガーのプルンとした食感の中に、
フルーツのさまざまな味と香りが
一気に広がります。

透明ゼリー

材料 エンゼル型(直径15cm)1台分

砂糖 … 40g

アガー … 30g

ハーブティー(煮出したもの) … 500mℓ

ハチミツ … 大さじ2

作り方

1 鍋に砂糖とアガーを入れ、ゴムベラで混ぜ
る(⇒a)。ハーブティーを少しずつ加えなが
らよく混ぜる。

2 中火にかけながら混ぜ続け、沸騰直前まで
加熱する(⇒b)。

3 火からおろし、茶こしでこす(⇒c)。

4 透明ゼリーの出来上がり(⇒d)。

memo

透明ゼリーに使うハーブティーは、色味が少なく、
フルーツとも相性がいい、カモミールティーなどが
よいでしょう。

a

b

c

d

e

f

g

h

i

j

仕上げ

材料 エンゼル型(直径15cm)1台分

キウイフルーツ … 1個

オレンジ … 1個

小玉すいか … 1/4個

作り方

1 キウイフルーツは皮をむき、3mm厚さの輪切りにする。オレンジは皮をむき、袋をはずし、薄切りにする。小玉すいかは果肉をフルーツボーラーなどでくり抜く(⇒e)。

2 バットに氷を入れ、型を中央に置き、1のオレンジとキウイフルーツ(⇒f)を型に貼りつける。

3 1の小玉すいかをのせる(⇒g)。

4 型の端から**透明ゼリー**を半分ほど入れる(⇒h)。

5 箸で残りのフルーツを入れる(⇒i)。

6 型の縁ギリギリまで**透明ゼリー**を入れ(⇒j)、冷蔵庫で冷やし固める。

7 型からゼリーをはずし、器に盛る。

かき氷
桃ジュレソースがけ

暑い夏にはかき氷がご馳走です。
手づくりなら市販のシロップにはない、
自然な味が楽しめます。
夏の果物「白桃、黄桃」の２種使いで、味に奥行きが出ます。

<u>材料</u> 5〜6人分

桃の缶汁＋桃のジュース … 520㎖
ゼラチン … 10g／5倍の水でふやかす
レモン汁 … 大さじ1
白桃缶・黄桃缶 … 各2個ずつ／ひと口大に乱切りにする
氷 … 適量

<u>作り方</u>

1 鍋に桃の缶汁と桃のジュースを入れて中火にかけ、温まったら
  火からおろし、ゼラチンとレモン汁を加えてゴムベラで混ぜる。

2 粗熱が取れたら、桃の果肉を加えて混ぜてボウルに入れ、冷
  蔵庫で冷やし固める。

3 器にかき氷器で氷（適量／分量外）をけずり、2をスプーンで
  崩しながらかける。

<u>memo</u>

ふわふわのかき氷を作れば、食べても頭がキーンとなりません。桃ジュレ
ソースをかけたら、氷が溶けないうちに召し上がれ。

七夕ゼリー

織姫さまと彦星さまが、
年に一度だけ会える、特別な日。
夏の夜空をゼリーで、
星や月をフルーツで描いた、
天空のファンタジーです。
水色寒天のホロホロした食感と、
しっかり固まった牛乳寒天。
混ぜながら食べてもおいしいです。

牛乳寒天

牛乳 … 320㎖

寒天 … 3g

砂糖 … 50g

作り方

1 鍋に牛乳と寒天を入れ、ゴムベラで混ぜながら中火にかけ、沸騰したら弱火で2分ほど煮溶かす。

2 砂糖を加えて混ぜて溶かし、火からおろす。粗熱が取れたらグラスに入れ、冷蔵庫で冷やし固める。

水色寒天

材 料 カップ4個分

水 … 240㎖

ブルーハワイ（市販）… 大さじ3〜4

寒天 … 2g

砂糖 … 20g

作り方

1 鍋に水とブルーハワイと寒天を入れ、泡立て器で混ぜながら中火にかけ、沸騰したら弱火で2分ほど煮溶かす。

2 砂糖を加えて混ぜて溶かし、火からおろし、バットに入れる。

3 粗熱が取れたら、冷蔵庫で冷やし固める。

仕上げ

1 **牛乳寒天**の上に、**水色寒天**をスプーンで崩してのせる。

2 星の抜き型で抜いたキウイフルーツと黄桃（ともに適量／分量外）を散りばめる。

すいかゼリー

夏の果物の代表格「すいか」。
すいかの風味はそのままに、
ツルンとのどごしのよいゼリースイーツ。
砂糖をいっさい使わない自然な甘みで、
いくらでも食べられそうです。

材 料 小玉すいか1個分

小玉すいか … 1個
小玉すいかの果汁 … 800㎖
※小玉すいかの果汁が足りなければ、水を加えます。
ゼラチン … 24g／5倍の水でふやかす
※小玉すいかの果汁の3％です。

作り方

1 小玉すいかは包丁で横半分に切り、果肉をスプーンでくり抜き、種を取り除く。果肉はミキサーにかけて果汁にする。

2 鍋に1を入れて中火にかけ、温まったら火を止め、ゼラチンを加え、ゴムベラで混ぜる。

3 鍋を氷水に当てて混ぜながら、少しトロミがついたら、小玉すいかの皮を器にしてそれぞれ入れ、冷蔵庫で冷やし固める。

4 包丁で適当な大きさに切り、器に盛る。

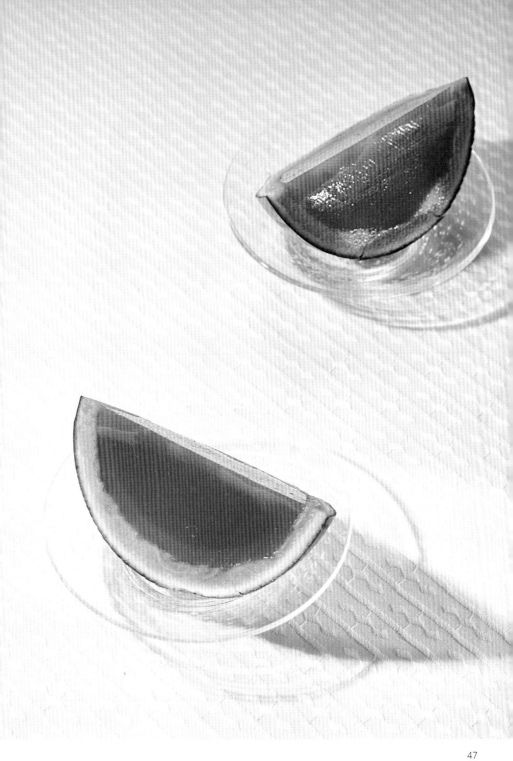

トマトマリネ

材料

水 … 200mℓ
砂糖 … 50g
レモン汁 … 大さじ1
レモンの皮 … 少々／すりおろす
ミニトマト … 12個／ヘタをとり、
湯むきする

作り方

1 鍋に水と砂糖を入れて中火にか
  け、沸騰して砂糖が溶けたら火を
  止め、レモン汁とレモンの皮を加
  え、粗熱を取る。

2 保存容器にミニトマトを入れ、1
  を加えて1時間ほどマリネする
  (⇒a)。

寒天液

材料

寒天 … 4g
砂糖 … 50g

作り方

1 **トマトマリネ**のマリネ液と、水（適
  量／分量外）を合わせて250mℓ
  にする。

2 鍋に**1**と寒天を加え、ゴムベラで
  混ぜながら中火にかけ、沸騰した
  ら弱火で2分ほど煮溶かし、砂糖
  を加えて混ぜる。

3 ボウルに移し、粗熱を取る。

仕上げ

1 **トマトマリネ**のミニトマトを竹串に刺し、**寒
  天液**に1個ずつくぐらせ（⇒b）、表面にコー
  ティングする。

2 **1**のミニトマトをオーブンシートの上にの
  せ、表面が乾くまで置く。

  ※何度か繰り返しコーティングすると、ゼリーの厚
  みが増しておいしくなります。

memo

ミニトマトの湯むきは、ヘタを取り、包丁で皮に少し
切れ目を入れます。熱湯に10秒ほど浸け、冷水に
取ってから皮をむきましょう。

a
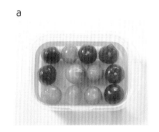

b

トマトマリネの
寒天あめ

ミニトマトは一年中出回っていますが、

夏の露地栽培のものが、味が濃く栄養価が高いです。

レモンの風味と砂糖に漬け込んだミニトマトを、

透明な寒天でコーティングしています。

甘い寒天とミニトマトの酸っぱさが絶妙です。

メロンゼリー

夏のフルーツといえばメロン。

とろけるようなおいしさが、ゼリーにぴったりの食材です。

生のメロンを使うとゼラチンが固まらないので、

一度煮ています。

少し退色しますが、トロトロ感が倍増します。

涼を呼ぶゼリースイーツ

材料 グラス2個分

水 … 280㎖

ハチミツ … 大さじ3

メロン … 200g／果肉をスプーンなどでく
り抜き、残りは細かく刻む

レモン汁 … 大さじ1

ゼラチン … 5g／5倍の水でふやかす

作り方

1 鍋に水とハチミツを入れ、中火にかけて沸
騰させ、メロンを加えて1分ほど煮る（⇒a）。
火を止めてレモン汁を加え、粗熱を取る。

2 細かく刻んだメロンをザルでボウルにこして
果汁にし、くり抜いた果肉をグラスに入れる。

3 鍋に2の果汁を入れ、再び中火で温め、火
を止めてゼラチンを加え、ゴムベラで混ぜる。

4 3の粗熱が取れたら、2のグラスに加え、
冷蔵庫で冷やし固める。

a

カラフル寒天ゼリー

夏のギラギラ輝く太陽のもとで咲く、
ビタミンカラーの花のようなゼリーです。
材料はジュースと寒天だけ。
使うジュースの種類によって、
色も味も異なるゼリーができます。
そこに炭酸水をシュワッと注ぐと、いいまとめ役に。

| 材料 | グラス3個分

3種のジュース(ぶどう、アセロラ、オレンジ) … 各250㎖
寒天 … 6g
※グラス1個分に、2gずつ使います。
炭酸水(加糖) … 適量

ぶどうゼリー

| 作り方 |

1 鍋にぶどうジュースと寒天を入れ、ゴムベラで混ぜながら中火
　にかけ、沸騰したら弱火で2分ほど煮溶かす。

2 粗熱が取れたら四角の器に入れ、冷蔵庫で冷やし固める。
　※アセロラゼリー、オレンジゼリーも同様に作ります。

仕上げ

3種類のフルーツを使ったゼリーを、器から出して1.5cm角に
切り、グラスに入れ、炭酸水を静かに注ぐ。

梅酒のゼリージュース　　　　　　　ぶどう入りシャンパンゼリー

クラッシュ アイスカフェオレ

紅茶ゼリーチャイ

ドリンクゼリー

夏は冷たい飲み物がうれしい季節です。

外出先から帰ってきたときや、

暑さが厳しい真夏のティータイムに、

ドリンクゼリーを飲んで、

体の中からほてりを鎮めましょう。

果物を使ったものや、コーヒーや紅茶を使ったものなど、

バリエーション豊富です。

memo

食欲のない夏には、梅のクエン
酸が効果的です。

※アルコール度数が高いので、子どもや妊婦
さん、授乳中の方、運転する方は要注意です。

梅 酒 の ゼ リ ー ジ ュ ー ス

| 材 料 | グラス2〜3個分

アガー … 10g

砂糖 … 30g

水 … 250㎖

梅酒 … 100㎖

梅酒の梅 … 2〜3個／細かく刻む

| 作り方 |

1 鍋にアガーと砂糖を入れ、ゴムベラで混ぜながら、水を少しずつ加える。

2 中火にかけて混ぜ続け、沸騰直前まで加熱し、火からおろす。粗熱が取
  れたら、梅酒と梅酒の梅を加える。

3 ボウルに入れ、冷蔵庫で冷やし固める。

4 グラスに3をスプーンですくって入れる。

memo

ぶどうは半分に切ることで、香りと味が浸出します。

※アルコール度数が高いので、子どもや妊婦さん、授乳中の方、運転する方は要注意です。

ぶどう入りシャンパンゼリー

材料 グラス2〜3個分

水 … 80㎖

グラニュー糖 … 30g

ゼラチン … 5g／5倍の水でふやかす

シャンパン … 250㎖

※スパークリングワインでもよいです。

ぶどう（2種／皮つき、種なし）… 200g／半分に切る

作り方

1 鍋に水とグラニュー糖を入れて中火にかけ、ゴムベラで混ぜる。グラニュー糖が溶けたら火を止め、ゼラチンを加えて混ぜる。

2 ボウルに入れ、氷水に当ててトロミがついたら、シャンパンを加える。

3 グラスに2をスプーンですくって入れ、ぶどうを加える。

memo

好みでコンデンスミルクを加え
ると、さらに甘さとコクがプラス
されます。

クラッシュ アイスカフェオレ

材料 | グラス2〜3個分

コーヒー（インスタント／粉末）… 大さじ2

砂糖 … 30g

水 … 300ml

ゼラチン … 5g／5倍の水でふやかす

牛乳 … 適量

作り方

1　鍋にコーヒー、砂糖、水を入れて中火にかけ、ゴムベラで混ぜる。砂糖
　　が溶けたら火を止め、ゼラチンを加えて混ぜる。

2　粗熱が取れたらボウルに入れ、冷蔵庫で冷やし固める。

3　グラスに2をスプーンで粗く崩し入れ、牛乳を加える。

memo

紅茶の種類は、深いコクと香り
の「アッサム」がおすすめです。
ミルクティーにも合います。

紅茶ゼリーチャイ

紅茶ゼリー

材料 グラス3〜4個分

紅茶液 … 350㎖
寒天 … 2g
砂糖 … 40g

作り方

1 鍋に紅茶液と寒天を入れ、
ゴムベラで混ぜながら中
火にかけ、温まったら2分
ほど煮て、砂糖を加えて混
ぜる。

2 粗熱が取れたらボウルに
入れ、冷蔵庫で冷やし固
める。

チャイゼリー

材料 グラス3〜4個分

牛乳 … 400㎖   寒天 … 2g
紅茶（ティーバッグ）… 1袋
スパイス類（シナモンスティック、クローヴ、
八角など）… 適量
コンデンスミルク … 大さじ2

作り方

1 鍋に牛乳、寒天、紅茶、スパイス類を入れ、泡
立て器で混ぜながら中火にかけ、温まったら
2分ほど煮る。

2 火を止め、フタをして2分ほど蒸らし、茶こし
でボウルにこす。

3 コンデンスミルクを加えて混ぜ、粗熱が取れ
たら、冷蔵庫で冷やし固める。

仕上げ

グラスに**紅茶ゼリー**と**チャイゼリー**を、スプーンで粗く崩して交互に入れる。

アイス型のグミ

子どもたちに大人気のグミは、夏休みのおやつにぴったり。
独特なプニュプニュ感が、ゼラチンで簡単に作れます。
好みのジュース・好みの形でどうぞ。

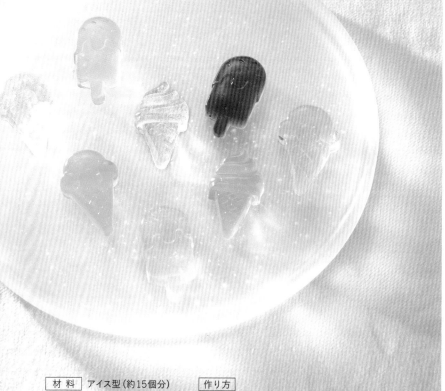

材料	アイス型（約15個分）

好みのジュース … 90㎖
レモン汁 … 大さじ1
ゼラチン … 10g／5倍の
水でふやかす
水あめ … 20g

作り方

1 ボウルに好みのジュース、レモン汁を入れ、ゴム
ベラでよく混ぜ、ゼラチンを加えてふやかす。

2 1のボウルを湯せんにかけ、ゼラチンが溶けた
ら、水あめを加えてよく混ぜて溶かす。

3 型に2を等分に入れ、冷蔵庫で冷やし固め、型
からはずす。

※ ジュースの種類を変えて同様に作ります。

Chapter

3

Autumn

滋味あふれる

ゼリースイーツ

ぶどうのゼリー
テリーヌ風

近ごろ、種がなく皮ごと食べられるぶどうを、
スーパーでもよく見かけます。
黄緑、紫、赤など、色合いもさまざまで、
ひときわ目を引きます。
ゼリーの中にたっぷり詰め込んで、
カラフルなテリーヌを作ってみませんか。
まるで水で固めたみたいな透明感は、
アガーならではの魅力です。

材料　パウンド型（縦17×横8×高さ6cm）1台分

グラニュー糖 … 50g

アガー … 36g

マスカットジュース … 450㎖

ぶどう（皮つき・種なし） … 320g

作り方

1　ボウルにグラニュー糖とアガーを入れて混ぜる。

2　鍋にマスカットジュースを入れ、**1**を少しずつ加える（⇒a）。

3　中火にかけ、ゴムベラで混ぜ続け（⇒b）、沸騰直前まで温め（⇒c）、火からおろす。茶こしで軽量カップに入れてこす。（⇒d）。

4　バットに氷水をはって型をのせ、**3**のゼリー液を少し入れる（⇒e）。

5　ぶどうをすき間なく入れ、ゼリー液がダマにならないよう何回か分けて入れ、これを繰り返す（⇒f〜i）。

6　すべて入れ終えたら（⇒j）、冷蔵庫で冷やし固める。

7　型からはずし、器に盛る。

a

f

b

g

c

h

d

i

e

j

紫いもようかん

焼きいもが売られる季節。

いい匂いに誘われて、

ついついたくさん購入してしまい……。

紫いもようかんのソフトな食感に、

ねっとりした焼きいもがよく合います。

材料 パウンド型 (縦17×横8×高さ6cm) 1台分

水 … 450mℓ

寒天 … 4g

砂糖 … 50g

紫いもあん (市販) … 250g

※白あん (240g) +紫いもパウダー (15g) でもよいです。

焼きいも (市販) … 1本／皮をむきひと口大に切る

作り方

1 鍋に水と寒天を入れ、ゴムベラで混ぜながら中火にかけ、沸騰したら弱火で2分ほど煮溶かす。

2 砂糖と紫いもあんを加え、ゴムベラでトロミがつくまで混ぜ続け、火を止める。

3 型に入れ、焼きいもを埋め込むように入れ、冷蔵庫で冷やし固める。

4 型からはずし、1.5～2cm厚さに切り、器に盛る。

かぼちゃプリン

秋といえば「芋、栗、南瓜」。
プリンにも、かぼちゃを入れてみましょう。
ゼラチンで固めたもっちりしたプリンと、
粗くつぶしたかぼちゃのホッコリ感がよく合います。

材料 プリン型（底5×高さ4cm）6個分

グラニュー糖 … 50g

水 … 大さじ3

かぼちゃ … 160g／皮をむいてひと口大に切り、10分ほどゆ
でてザルにあける

卵 … 3個

砂糖 … 60g

ラム酒 … 大さじ1

バニラエッセンス … 少々

牛乳 … 350㎖

ゼラチン … 8g／5倍の水でふやかす

作り方

1 鍋にグラニュー糖を入れて弱めの中火にかけ、キツネ色になっ
たら水を加えてゴムベラでのばし、プリン型に等分に入れる。

2 ボウルにかぼちゃを入れ、フォークなどで粗くつぶす。

3 別のボウルに卵を割りほぐし、砂糖を入れてゴムベラですり混
ぜ、ラム酒とバニラエッセンスを加えて混ぜ、牛乳を加えて混
ぜる。

4 鍋に3を入れ、中火にかけて混ぜ続けながら、鍋底が少し見え
る程度にトロミがついたら、火からおろす。ゼラチンを加えて
混ぜ、茶こしでこしながら2に加えて混ぜる。

5 2のボウルを氷水に当てて混ぜ、粗熱が取れてトロミがつい
たら、1のプリン型に入れ、冷蔵庫で冷やし固める。

6 ボウルに湯をはって5を入れ、5秒ほど温め、プリン型からは
ずし、器に盛る。ホイップした生クリーム（適量／分量外）を絞る。

甘納豆の寒天よせ

この艶やかな煮豆が、
甘納豆で作られているとは驚きです。
いろいろな豆の風味が響き合い、
玄米茶の寒天はまとめ役になっています。

材料 流し缶(11×14×高さ4.5cm)1台分
玄米茶(浸出したもの) … 500㎖
寒天 … 4g
砂糖 … 50g
甘納豆(市販) … 120g／軽く洗って、水気をよく拭き取る

作り方

1 鍋に玄米茶を入れて中火にかけ、沸騰したら砂糖と寒天を加え、弱火にしてゴムベラで混ぜながら2分ほど煮溶かし、粗熱を取る。

2 流し缶に甘納豆を敷き詰め、1を入れ、冷蔵庫で冷やし固める。

3 流し缶からはずし、好きな形に切り、器に盛る。

生ドーナツゼリー

揚げずにゼラチンで固めただけのドーナツ。
ふんわりしたスポンジ生地に、
もちもちしたチョコレートゼリーをのせて。
気軽にいくらでもつまめるサイズです。

材料 | ドーナツ型（直径5cm）12個分

スポンジ生地（市販）… 1枚

チョコレート（板）… 80g／細かく刻む

生クリーム … 80g

A | 砂糖 … 40g
　 | きな粉 … 6g

牛乳 … 80㎖

ゼラチン … 6g／5倍の水でふやかす

きな粉 … 6g

作り方

1　スポンジ生地は、型の大きさに合わせて抜き型（セルクル型など）で抜き、中央の小さい穴も丸く抜く。

2　鍋にチョコレートを入れて温め、生クリームを加えてゴムベラで混ぜる。

3　別の鍋にAを入れてよく混ぜ、牛乳を加えて混ぜながら中火にかけ、沸騰したら火を止め、ゼラチンを加えて混ぜる。

4　2の鍋に、ザルで3をこしながら入れて混ぜる。

5　ドーナツ型の8分目まで4を入れ、1をかぶせ、冷蔵庫で冷やし固める。

6　型からはずして器に盛り、茶こしできな粉をふる。

memo

オレンジピールなどを、細く刻んでのせてもおいしいです。

あずきようかんの
きんつば

焦げめの香ばしさがたまらない。

寒天を使って、手づくりできるなんて……。

作りたてのほんのりした温かさに、

寒さに慣れない心と体がほぐれていきます。

材料 流し缶（11×14×高さ4.5㎝）1台分

水 … 200㎖

寒天 … 4g

砂糖 … 80g

粒あん（市販）… 400g

A ┌ 白玉粉 … 15g
　├ 砂糖 … 15g
　└ 薄力粉 … 30g

サラダ油 … 少々

作り方

1 鍋に水と寒天を入れ、ゴムベラで混ぜながら中火にかけ、沸騰したら弱火で2分ほど煮溶かす。

2 砂糖と粒あんを加えてゴムベラで混ぜ、火からおろし、ボウルに入れる。

3 ボウルを氷水に当て、トロミがついたら流し缶に入れる。粗熱を取る。

4 冷蔵庫で冷やし固め、流し缶からはずし、16等分に切る。

5 ボウルにAを入れてよく混ぜ、水（40㎖／分量外）を少しずつ加えて混ぜる（固さを調整する）。

6 4を指先で持ち、すべての表面に5をつけ、サラダ油をなじませたフライパンで、すべての表面に焼き色がつくように焼く（⇒a〜c）。

a

b

c

memo

季節ごとに、旬のフルーツをのせて
楽しめます。春はいちご、夏はメロン
やすいか、冬はりんごなど、好きなも
のをチョイスしましょう。

季節の
フルーツあんみつ

寒天といえば、まず思い浮かぶのが、
フルーツあんみつです。
秋に旬を迎える柿や栗をのせて、
好きなだけ黒みつをかけていただきます。
このひと皿で、秋を満喫できます。

| 材料 | 流し缶(11×14×高さ4.5cm)1台分／約6人分 |

水 … 600ml
寒天 … 4g
トッピング(栗甘露煮(市販)、チェリー缶、柿／乱切り) … 適量
粒あん(市販) … 適量
黒みつ(市販) … 適量

作り方

1　鍋に水と寒天を入れ、ゴムベラで混ぜながら中火にかけ、沸騰
　　したら弱火で2分ほど煮溶かす。

2　粗熱が取れたら流し缶に入れ、冷蔵庫で冷やし固める。

3　流し缶から寒天をはずし、角切りにし、器に盛る。

4　トッピングを散らし、中央に粒あんをのせ、黒みつを添える。

りんごゼリーのロールケーキ

秋が旬のりんごを使って、

可愛いロールケーキを作ってみましょう。

でも「巻くのが難しくて……」と思っていませんか。

実際に巻いてみると数分しかかからず、

ちょっとしたコツさえつかめれば、

誰でもパティシエなみの仕上がりになります。

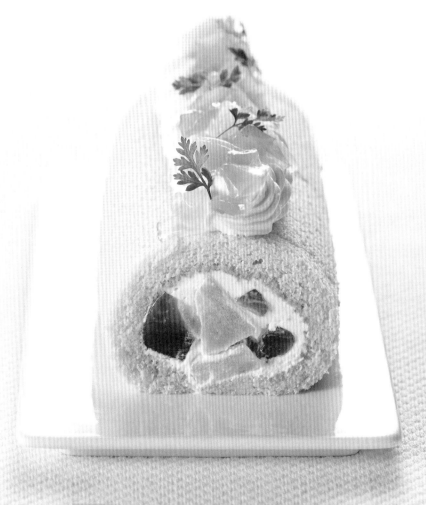

りんごのコンポート&ゼリー

材料 | バット(16×21cm)1台分

水 … 200㎖
A 白ワイン … 30㎖
砂糖 … 30g

りんご … 1個／皮をむき、くし形に切る
レモン … 1/2個分／薄切りにする
砂糖 … 15g
アガー … 15g

memo

りんごは皮と一緒に煮ることで、きれいなピンク色が出ます。使うりんごの種類は、赤色の皮でしたら何でも構いません。

作り方

1 鍋にA、りんごの果肉とレモンを入れ、りんごの皮をのせて中火にかけ(⇒a)、沸騰したら紙フタをして 中火で7〜8分煮る。粗熱が取れたら、ザルでこす。

2 1のりんごの果肉はバットに並べ、煮汁(250㎖)はボウルに入れる。煮汁が足りなければ水を加える。

3 鍋に砂糖とアガーを入れ、ゴムベラで混ぜながら、2の煮汁を少しずつ加える。

4 3の鍋を中火にかけて混ぜ続け、沸騰直前まで加熱し、火からおろす。シロップを少し取っておく(P80 6 で使用)。

5 4のシロップをザルでこしながら2のバットに入れ、冷蔵庫で冷やし固める(⇒b)。飾り用に**りんごゼリー**を少し取っておく。

a

b

スポンジ生地

材料 | 天板（24×24cm）1台分

卵 … 2個

グラニュー糖 … 60g

薄力粉 … 40g／ふるっておく

A | 牛乳 … 10g
　| バター … 10g／湯煎で溶かす

作り方

1 ボウルに卵を入れて溶きほぐし、グラニュー糖を加え、ハンドミキサーで白っぽくなるまですり混ぜる。湯煎をしながら、ハンドミキサーで泡立てる。

2 生地の温度が少し温かくなったら湯煎からはずし、スジが描けるまで混ぜる。

3 薄力粉を加え、ボウルをまわしながらゴムベラで底からすくうように、ツヤが出るまで混ぜる。粉っぽさがなくなったら、Aを加える。

4 すばやく混ぜて、泡をつぶさないようにする。天板にオーブンシートを敷き、**3**のスポンジ生地を入れる。

5 ゴムベラで四方の隅まで均等にのばす。天板を少し高い所から1〜2回ポンと落とし、スポンジ生地の中の空気を抜く。

6 190度に予熱したオーブンで10〜11分焼く。天板からはずし、網にのせて粗熱を取り、取っておいた**りんごゼリー**のシロップをハケで生地に塗る。

仕上げ

材料

生クリーム … 120g　　**りんごのコンポート** … 適量

グラニュー糖 … 20g　　**りんごゼリー** … 適量

　　　　　　　　　　　チャービル … 適量

1

ボウルに生クリームとグラニュー糖を入れ、泡立て器で8分立てにする（持ち上げてみて、生クリームが落ちない程度）。

2

オーブンシートの上に、スポンジ生地をのせる。奥から手前へ、薄く生クリームを四隅までまんべんなく塗る。デコレーション用の生クリームを少し取っておく。

3

スポンジ生地の手前から3等分に切った**りんごのコンポート**をのせる。

4

3列に並べたら、**りんごのコンポート**のすき間に生クリームを埋める。

5

親指をオーブンシートとスポンジ生地の間に入れ、スポンジ生地を他の4本の指の背で、奥へ向けてオーブンシートごと巻き込む。

6

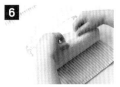

手前のオーブンシートの端をつまみ、奥へ巻き込む。

7

最後まで、しっかり巻き込む。

8

オーブンシートの手前と奥の端を重ねる。

9

定規を当てて手前に力強くスライドさせ、固く巻き込む。

10

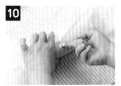

セロハンテープで中央をしっかり止める。

11

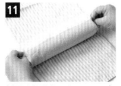

側面を押さえてキャラメル包みにし、冷蔵庫で30分ほど休ませる。

12

オーブンシートをはずし、器に盛る。取っておいた生クリームを絞り、**りんごゼリー**を乱切りにしてのせ、チャービルをのせる。

柿ゼリー

たわわに実る柿を見ると、秋の深まりを感じます。

心がほっこりする橙色、滋味あふれる味わい。

柿をそのまま固めたような濃いゼリーです。

材料	プリン型（底部直径4.5×高さ5cm）4個分

水 … 100㎖

砂糖 … 30g

柿 … 2個／皮をむいて、細かく刻む

レモン汁 … 大さじ1

ゼラチン … 5g／5倍の水でふやかす

ラム酒 … 大さじ1

作り方

1 鍋に水と砂糖を入れて中火にかけ、柿とレモン汁を加え、30秒ほど煮る。

2 火からおろし、ゼラチンとラム酒を加えてゴムベラで混ぜ、ボウルに入れる。

3 氷水に当て、ゴムベラでトロミがつくまでよく混ぜ、プリン型に入れて粗熱を取る。

4 冷蔵庫で冷やし固め、プリン型からはずし、器に盛る。

Chapter
4

Winter

煌びやかな

ゼリースイーツ

いちご寒天

抹茶ようかん

黒豆寒天

ゆず寒天

おせちプチゼリー

新年はカラフルなプチゼリーで、
おせちに彩りを添えてみませんか。
甘さ控えめで、素材の風味を活かしています。
大人も子どもも喜ぶ、ひと口サイズのゼリーです。

※寒天を使っているので、常温でも溶けません。

ゆず寒天

冬になると常備している
ゆずジャムも、こんな使い方があります。
典雅な菊の形です。

材料 | バット（12×20cm）1台分

水 … 250㎖
寒天 … 2g
ゆずジャム（市販）… 150g
※「ゆず茶」と表記している瓶詰めもあります。

作り方

1 鍋に水と寒天を入れ、ゴムベラで混ぜながら中火にかけ、沸騰したら、弱火で2分ほど煮溶かす。

2 ゆずジャムを加え、全体がなじんだら火を止め、バットに入れ、粗熱を取る。

3 冷蔵庫で冷やし固め、抜き型（菊型）で抜き、器に盛る。

抹茶ようかん

ようかんに寒天を
混ぜるだけのお手軽レシピ。
清々しい緑色をした松の形です。

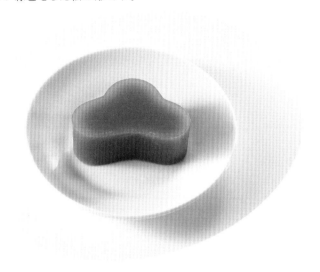

材料 | バット（12×20㎝）1台分

水 … 200㎖
寒天 … 2g
抹茶ようかん（市販）… 200g

作り方

1 鍋に水と寒天を入れ、ゴムベラで混ぜながら中火にかけ、沸騰したら弱
　火で2分ほど煮溶かす。

2 抹茶ようかんを加えてよく混ぜ、全体になじんだら火を止める。

3 ゴムベラでトロミがつくまで混ぜてからバットに入れ、粗熱を取る。

4 冷蔵庫で冷やし固め、抜き型（松型）で抜き、器に盛る。

いちご寒天

おめでたい桃色は、

いちごの自然な色合い。

可愛い梅の形です。

材料 | バット (12×20cm) 1台分

水 … 200㎖
寒天 … 2g
いちごジャム (市販) … 150g

作り方

1 鍋に水と寒天を入れ、ゴムベラで混ぜながら中火にかけ、沸騰したら弱
火で2分ほど煮溶かす。

2 いちごジャムを加え、全体がなじんだら火を止め、バットに入れて粗熱を
取る。

3 冷蔵庫で冷やし固め、抜き型 (梅型) で抜いて器に盛る。

黒豆寒天

おせちには欠かせない黒豆を、
寒天で固めただけ。
家庭円満の丸い形です。

材料 作りやすい分量

水 … 300㎖

寒天 … 2g

砂糖 … 20g

黒豆の甘煮（市販）… 100g

作り方

1 鍋に水と寒天を入れ、ゴムベラで混ぜながら中火にかけ、沸騰したら弱火で2分ほど煮溶かす。

2 砂糖と黒豆を加え、混ぜて火を止めて、粗熱を取る。

3 小さい器に入れ、冷蔵庫で冷やし固める。

いちごの
ショートケーキ
ゼリー仕立て

いつもと違うクリスマスケーキを作りたい。
そんな願いをかなえてくれるのが、
いちごゼリーが主役のショートケーキです。
3層のスポンジ生地の間には、
いちごゼリーがたっぷり入って……。
ゼリーはジャムとは異なり、
甘さ控えめで、もっちりした食感。
新感覚のおいしいケーキです。

いちごゼリー

材料 ケーキ型（直径12cm）1台分

冷凍いちご … 200g／細かく刻む
グラニュー糖 … 30g
水 … 50mℓ
レモン汁 … 大さじ1
ゼラチン … 8g／5倍の水でふやかす

作り方

1 耐熱ボウルに冷凍いちご、グラニュー糖、水を入れ、ゴムベラで混ぜる（⇒a）。ラップをせずに電子レンジ（600W）で4分加熱する。

2 取り出してアクを取り除き、レモン汁を加え、さらに電子レンジ（600W）で2分加熱し、ゼラチンを入れて混ぜる。

3 耐熱ボウルを氷水に当ててトロミがつくまで混ぜる。

a

仕上げ

b

材料

スポンジ生地（市販）… 3枚

生クリーム … 100g

グラニュー糖 … 20g

※いちごエッセンス（少々）を加えてもいいです。

いちご … 3個／縦半分に切る

粉砂糖 … 少々

c

作り方

1 スポンジ生地を1枚ずつ、12cmの型の底
の大きさに合わせて切る（⇒b）。

2 型にスポンジ生地を1枚入れ（⇒c）、スプー
ンでいちごゼリー（½量）をのせて（⇒d）平
らにならす。

d

3 2枚目のスポンジ生地をのせ（⇒e）、残りの
いちごゼリーをのせて平らにならす。

4 3枚目のスポンジ生地をのせ（⇒f）、冷蔵庫
で1時間ほど冷やし固める。

e

5 型からはずし、器に盛る。

6 ボウルに生クリームとグラニュー糖を入れ、
泡立て器で8分立てにする。

7 ヘラで6の生クリームを5に塗り、いちごを
のせ、粉砂糖をふる。

f

みかん丸ごと寒天

暖房の効いた部屋の中では、
冷たいゼリーもいいものです。
寒天は飲めるくらいの柔らかさで、
みかんをほろりと崩しながら、
スプーンで一緒にすくっていただきます。

材料 | グラス2個分

水 … 50㎖
寒天 … 4g
みかんとレモンの缶チューハイ（市販）… 500㎖
冷凍みかん（市販）… 2個

作り方

1 鍋に水と寒天を入れ、ゴムベラで混ぜながら中火にかけ、沸騰
したら弱火で2分ほど煮溶かす。

2 火を止めて粗熱が取れたら、みかん味のカクテルを加え、ゴム
ベラで混ぜる。

3 トロミがついたらグラスに等分に入れ、中央に冷凍みかんを
加え、冷蔵庫で冷やし固める。

※アルコール度数が高いので、
子どもや妊婦さん、授乳中の方、
運転する方は要注意です。

フルーツゼリー＆
チーズタルト

「ケーキ屋さんのタルトみたい！」
そんな声が聞こえてきそうです。
実際に食べてみると
フルーツがフレッシュで、
手づくりならではのおいしさです。
赤と緑のフルーツ、粉砂糖の雪景色。
クリスマスにもぴったりです。

チーズケーキ

材料 市販のタルト生地の型(15cm)1台分

クリームチーズ … 100g／常温にしておく
ホワイトチョコレート … 40g／湯せんで溶かす
ゼラチン … 5g／水大さじ2でふやかす
レモン汁 … 大さじ1
レモンの皮 … 少々／すりおろす
生クリーム … 100mℓ／少しトロミがつくまで混ぜる
グラニュー糖 … 30g
タルト生地(市販) … 1台

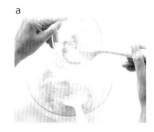

作り方

1 ボウルにクリームチーズを入れ、ゴムベラでよく混ぜてなめらかにし、ホワイトチョコレートを加え(⇒a)、さらに混ぜる。

2 電子レンジ(600W)で30秒加熱し、ゼラチンとレモン汁、レモンの皮を加えて(⇒b)混ぜる。

3 別のボウルに生クリームとグラニュー糖を入れ、氷水に当てて、トロミがつくまでハンドミキサーで6分立てに泡立てる。

4 3のボウルに2を加えて混ぜて(⇒c)型に入れ(⇒d)、ヘラで表面を平らにならす(⇒e)。

5 冷蔵庫で30分ほど冷やす。

ゼリー液

材 料

グラニュー糖 … 20g

アガー … 8g

水 … 100㎖

キルシュ … 大さじ1

作り方

1 鍋にグラニュー糖とアガーを入れ、ゴムベラでよく混ぜ、水を少しずつ加えてさらに混ぜる。

2 中火にかけ、混ぜながら沸騰直前で火を止め、茶こしでこし、キルシュを加えて混ぜる。

3 粗熱が取れて、少しトロミがつく状態にする。

仕上げ

材 料

いちご … 8粒／縦1/2に切る

オレンジ … 1/2個分／皮をむき、袋をはずす

キウイフルーツ … 1個／皮をむき、半月切りにする

ブルーベリー … 10粒

粉砂糖 … 適量

作り方

チーズケーキの上に、フルーツをバランスよくのせ（⇒f）、**ゼリー液**をハケでまんべんなく塗り（⇒g）、まわりに粉砂糖をかける。

f

g

memo

フルーツをのせるときは、型の中央が高くなるように盛ると、おいしそうに見えます。

チョコレート … 100g／細かく刻む

A
グラニュー糖 … 50g
ココア … 大さじ1
コーヒー（インスタント／粉末）… 大さじ1

牛乳 … 300㎖

ゼラチン … 8g／5倍の水でふやかす

トッピング
ホワイトチョコレートのコポー … 適量
ココア … 適量
粉糖 … 適量

作り方

1 ボウルにチョコレートを入れる。

2 鍋にAを入れてゴムベラで混ぜ、中火にかけて牛乳を少しず
つ加えながら混ぜる。

3 温まったら火を止めてゼラチンを加え、茶こしでこしながら1
に入れて混ぜる。

4 ボウルを氷水に当ててトロミがつくまで混ぜ、カップに入れる。

5 冷蔵庫で冷やし固め、好みのトッピングをする。

memo

ホワイトチョコレートのコポーを作るには、板チョコを常温で少し置いてか
ら、表面をスプーンなどで薄く削ります。

ハートの
チョコレートプリン

バレンタインデーには、手づくりチョコをプレゼントしたい。
そんな方はチョコレートプリンはいかがでしょうか。
濃厚な味わいで食べ応え十分、ちょっと大きめサイズです。

※箱に入れて持ち運ぶときは、冬でも保冷剤を入れましょう。

クレームダンジュ

雪のかたまりのようなイメージで、
ふわふわのとろける食感。
「クレーム」はフランス語で「クリーム」、
「ダンジュ」は発祥の地「アンジュ」に由来します。
好みのフルーツソースをかけたり、
添えたりしてみてもよいでしょう。

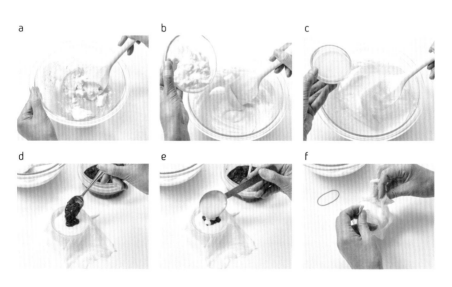

a

b

c

d

e

f

チーズクリーム

材料 | 約5個分

クリームチーズ … 100g／常温
に戻しておく
ヨーグルト … 300g／水切りを
して150gにする
※ギリシャヨーグルトを、水切りせず
に使ってもよいです。
ハチミツ … 大さじ1
レモン汁 … 大さじ1
ゼラチン … 5g／5倍の水でふ
やかす
生クリーム … 100㎖
グラニュー糖 … 20g

作り方

1 耐熱ボウルにクリームチーズを入れ、ゴ
ムベラで混ぜてなめらかにし（⇒a）、ヨー
グルトを加え（⇒b）、さらに混ぜる。

2 ハチミツとレモン汁を加えて混ぜ、電子
レンジ（600W）で20秒加熱し、ゼラチン
を加えて（⇒c）、さらに混ぜる。

3 別のボウルに、生クリームとグラニュー
糖を入れ、ハンドミキサーでツノが立つく
らいに混ぜ、2に加えてさらに混ぜる。

ブルーベリーソース

材料 | 約5個分

冷凍ブルーベリー … 100g
グラニュー糖 … 50g
アガー … 5g
水 … 40㎖

作り方

1 耐熱容器にすべての材料入れ、電子レ
ンジ（600W）で3分加熱する。

2 電子レンジから取り出し、アクを取ってレ
モン汁（大さじ1／分量外）を加える。

3 電子レンジ（600W）で2分加熱し、粗熱
を取る。

仕上げ

1 カップにガーゼを敷き、**チーズクリーム**を
半量ほど入れ、**ブルーベリーソース**をのせ
（⇒d）、残りの**チーズクリーム**をのせる（⇒e）。

2 茶巾状に包んで（⇒f）輪ゴムでとめ、冷蔵庫
で1時間ほど冷やし固める。

3 ガーゼをはずし、器に盛る。

memo

ヨーグルトの水切りは、容器にコー
ヒーフィルターとペーパーフィル
ターを置き、ヨーグルトを入れて
ラップをして冷蔵庫で1時間以上
おきます。容器にたまった水分は
ホエイ（乳清）で、栄養があります。

ゆ ず 風 味 の 甘 酒 ゼ リ ー

濃厚な味の甘酒ゼリーは、
プチサイズがおすすめ。
食べる直前にゆずの皮を散らして、
清涼感をプラスします。

| 材 料 | グラス（小）5個分

水 … 30 mℓ
ゆずジャム（市販）… 50g
※「ゆず茶」と表記している瓶詰めもあります。
ゼラチン … 6g／5倍の水でふやかす
甘酒（市販）… 200 mℓ
ゆずの皮 … 少々／細かく刻む

| 作り方 |

1 鍋に水とゆずジャムを入れて中火に
かけ、温まったら火を止め、ゼラチンを
加えてゴムベラで混ぜる。

2 甘酒を加えて混ぜ、粗熱が取れたら、
グラスに入れ、冷蔵庫で冷やし固め、
ゆずの皮を散らす。

ゼラチン・寒天・アガー とは？

ゼラチン の表現

プルンとした食感

p.50 メロンゼリー

トロ〜リジュレの
まったり感

p.42 かき氷.桃ジュレソースがけ

シャンパンの泡も
しっかり包み込んで

p.57 ぶどう入り シャンパンゼリー

ゼラチンを固めるコツ

> 60℃以上に
> 加熱は禁物。

1

60℃以上に加熱しない

鍋にゼラチンと水を入れて溶かすとき、60℃以上になると固まりにくくなります。沸騰させないように注意しましょう。

2

柑橘類のジュースを使うときの注意点

酸味の強いジュース（オレンジジュースなど）をそのまま混ぜると、固まりにくくなります。鍋にゼラチンと水を入れて溶かし、粗熱を取ってから酸味の強いジュースを加えましょう。

3

タンパク質分解酵素が含まれるフルーツを使うときは

生のパイナップルやキウイフルーツには、タンパク質分解酵素が含まれていて、固まりにくくなります。鍋に果汁を入れて沸騰させてから60℃に冷まし、ゼラチンを加えるのがコツです。

型から抜くときは…

1 鍋などにぬるま湯を入れ、型ごと5秒ほど温める。長く浸しすぎると、ゼリーが溶けてしまうので注意。

2 皿の上に型を逆さにしてのせ、軽く親指で押す。

3 抜けない場合は、型の側面を持ち、2〜3回軽く振りながら器に落とすようにする。

p.68　かぼちゃプリン

寒天 の表現

すべての角が立って、
きちんと感

p.10 ひしもち風ゼリー

トロ〜リも得意技!?

p.94 みかん丸ごと寒天

ダイスカットで、
キラキラ散りばめる

p.32 あじさい寒天

寒天を固めるコツ

沸騰したら
2分ほど加熱する。

1

沸騰後2分ほど煮溶かす

鍋に粉寒天と水を入れ、沸騰したら2分ほど加熱しながら混ぜ続けます。このひと手間で、ボソボソした食感から、ねっとりした食感に変わっておいしくなります。

2

牛乳を使うときの注意点

牛乳を温めると、表面に薄い膜ができて固まってしまいます。寒天液を80℃以下に冷ましてから、牛乳を加えるようにすると滑らかな食感になります。

3

柑橘類の果肉を加えるときは

柑橘類（オレンジやみかんなど）の果肉を加えると固まりにくくなります。寒天液を作って粗熱を取ってから、果肉を加えるようにします。

抜き型を使うときは…

ゼリーの上に抜き型をのせ、一気に下へおろします。型をねじりながらおろすと、形が崩れるので注意しましょう。

p.86 ゆず寒天

アガー の表現

どこまでも透明な、
宝石のような輝き

p.20 桜の水ゼリー

コーティングすると、
てり感がすごい

p.96 フルーツゼリー&チーズタルト

水をそのまま
固めたみたい

p.62 ぶどうのゼリー テリーヌ風

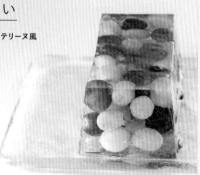

アガーを固めるコツ

固まらないように
手早く。

1

すぐに固まるので手早くする

常温になるとすぐに固まりはじめます。
手早く作業を進めましょう。

2

ダマにならないように注意

砂糖や液体とよく混ぜてから使うと、ダマになりづらいです。さらに中火にかけたら、混ぜ続けましょう。

3

柑橘類を使うときは

酸味の強い柑橘類（オレンジジュースなど）と一緒にアガーを煮ると、固まりにくくなります。

4

ヨーグルトなどを使うときは

ヨーグルトとアガーを一緒に使うときは、分離したり固まりにくくなることがあるので注意が必要です。

型から抜くときは…

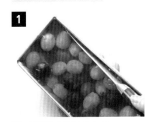

型の周囲に包丁を入れる。

型の上に皿をのせ、天地を返す。皿の上でゼリーが滑って、落下しないように注意。

p.62 ぶどうのゼリー テリーヌ風

大越郷子（おおこし さとこ）

管理栄養士、フードコーディネーター。病院勤務の後、フリーランスとして料理制作・栄養管理を行い、製菓学校の非常勤講師にも従事。書籍や雑誌の料理制作、栄養指導などで活躍してきた。2015年より料理教室「葡萄な食卓」を主催し、日常に役立つ料理・菓子・パン作りを教えている。『グルテンフリーのパンと麺とおやつ』(PHP研究所)、『思わず見とれるゼリースイーツ』(誠文堂新光社)など、著書多数。

季節のゼリースイーツ

ゼラチン・寒天・アガーで作る、おいしい新食感

2024年7月5日　初版第1刷発行

著者　　大越郷子
発行人　川崎深雪
発行所　株式会社 山と溪谷社
　　　　〒101-0051
　　　　東京都千代田区神田神保町1丁目
　　　　105番地
　　　　https://www.yamakei.co.jp/

○乱丁・落丁、及び内容に関するお問合せ先
　山と溪谷社自動応答サービス
　TEL.03-6744-1900
　受付時間／11:00-16:00(土日、祝日を除く)
　メールもご利用ください。
　【乱丁・落丁】service@yamakei.co.jp
　【内容】info@yamakei.co.jp
○書店・取次様からのご注文先
　山と溪谷社受注センター
　TEL.048-458-3455
　FAX.048-421-0513
○書店・取次様からのご注文以外のお問合せ先
　eigyo@yamakei.co.jp

印刷・製本　図書印刷株式会社

Staff

ブックデザイン　木村 由香利
撮影　　　　　　尾島翔太
スタイリング　　宮沢ゆか
調理アシスタント　春田 佳代子
編集協力　　　　雨宮敦子
編集担当　　　　小山内 直子 (山と溪谷社)